I0706811

Aos avós   sempre vivos

docílima   Adelaide,
popularíssimo   Ildefonso,
amabilíssima   Cacilda,
simpaticíssimo Miguel,
inteligentíssima Josephina,
nobilíssimo   Jorge,
sapientíssima   Olga,
simplicíssima   Diva,
capacíssimo   Elói.

Vinícius Sgarbe

Obrigado por todo suporte, Ágata Soares.
Você transforma paetê vagabundíssimo em esmeralda verdadeira.

O mal-estar
na democracia
digital do Brasil

O mal-estar
na democracia
digital do Brasil

Sumário

Sgarbe, Vinícius.

O mal-estar na cultura digital do Brasil. 2ª edição.

Curitiba: Lab Educação 2050, 2022.

ISBN: 9798441538381.

Ilustração: "the child in us", Nuvolanevicata.

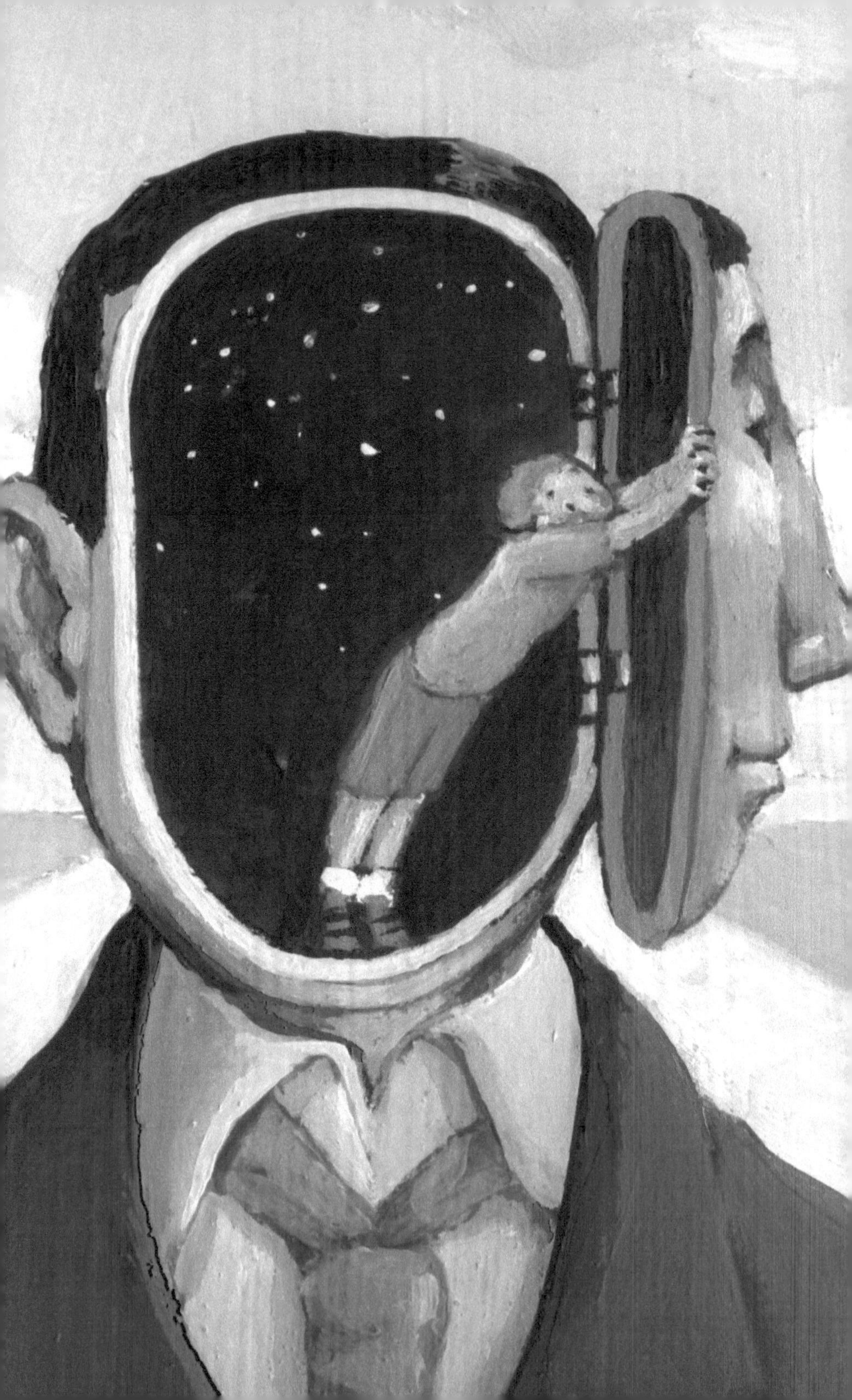

Mal-estar na pesquisa

Os mapas da psicanálise, mais precisamente os alumiados em "Totem e tabu" (1912-1913) – com o mito da horda primitiva e do parricídio como ato fundador da civilização (MONZANI, 2011) – oferecem contornos ao mundo da vida[1] de 2021, o que exige, contudo, cuidado da nossa parte quando os assuntos da política estão sobre a mesa. Neste ensaio, imperfeito, com ares de epístola pessoal, e um tanto e meio distante do estilo dissertativo, mais

---

1   Em comunicação política, o termo "mundo da vida" é associado frequentemente a Jürgen Habermas. Neste ensaio, porém, tal termo é utilizado para o que tem a ver com vida comum, com trivialidade.

experimentamos relações entre os mitos freudianos e a comunicação política do que oferecemos conclusões. Aliás, chamamos de "nós" e conjugamos os verbos na primeira pessoal do plural como quem o faz em uma conversa entre pares. Mas apesar disso, poderíamos tender a um pessimismo terrível, um acúmulo de cultura, na contramão da felicidade, no que Freud encaminha sob o título "O mal-estar na cultura" (1930).

Ainda que em campanha contra as insinuações de doença do indivíduo, contra a ideia de que as pessoas são normais ou não, saudáveis ou não, sob as mais diferentes insígnias – desde a tradicional medicina ocidental na forma de psiquiatria, de compêndios com nomes de doenças, o que inclui a redação de fantasias eróticas que podem ser muito tumultuadas, ou de desprezível eugenia explícita; até as mais novas tecnologias em psicologia, ou mesmo as provenientes do gabinete paralelo da vida, seja na forma de líderes, de religiosos ou de líderes religiosos mal formados, de treinadores da última moda em pirâmide financeira; do grande ao pequeno, do oficial ao ocasional –, informa-se, no texto freudiano, que "não podemos conter a impressão de que as pessoas comumente usam falsos critérios, que anseiam para si e admiram nos outros o poder, o sucesso e a riqueza, mas que subestimam os verdadeiros valores da vida" (FREUD, 2020, p. 305).

Em uma conversa que foi contabilizada para esta redação, um médico se manifestou contra a patologização do indivíduo, embora ele seja médico. Em um primeiro momento, soou em favor de nosso ponto de vista, mas logo colocou a filosofia da psicanálise em papel desprestigiado, tal qual Wilhelm Fließ fez a Freud quando duvidou da capacidade analítica (FREUD, 2020), nestes termos: "se você [em referência ao pesquisador] atender pacientes durante um dia no postinho do SUS, vai diagnosticar todos com deficiência intelectual".

O motivo da conversa, informal porém atenta, era o infortúnio da predileção a atos violentos na política, na forma de justificativas para a tortura, da necessidade de uma autoridade ofensiva e humilhante, e de coisas menores que cortam como papel no rego dos dedos. Ao que respondemos que não se trata de diagnosticar a todos com histeria ou outras doenças dos nervos, porque essas questões poderiam estar restritas a aleijados sem causa fisiológica ou aos que se alimentam dos próprios cabelos e unhas, mas de estarmos em um mesmíssimo balaio de gente, e de que nossos antepassados, aqueles que embruteceram o mundo são, coincidentemente, nossos antepassados. É dali que saímos. É dali que temos o "pequeno primitivo morando em cada um de nós" (GIACOIA JUNIOR, 2021). Em "O mal-estar da cultura", Freud nos traz:

> Há mais um fator a ser acrescentado aqui. Nas últimas gerações, os seres humanos fizeram progressos extraordinários nas ciências naturais e em sua aplicação técnica, fortalecendo o seu domínio sobre a natureza de uma maneira inimaginável. Os detalhes desses avanços são de conhecimento geral, sendo desnecessário enumerá-los. Os humanos

orgulham-se dessas conquistas e têm direito a isso. Mas eles acreditam ter percebido que essa possibilidade recém-adquirida de usufruir do espaço e do tempo, essa subjugação das forças da natureza, a realização de um anseio milenar não elevou a quantidade da satisfação prazerosa que eles esperam da vida e não os tornou, segundo suas sensações, mais felizes (FREUD, 2020, p. 335).

Na última parte deste ensaio, escrevemos sobre o uso das emoções humanas em favor de projetos de poder. E chamamos o eleitor de súdito várias vezes, em referência às hordas descritas em "Totem e tabu". Mas, além disso, tentamos identificar a formação de bolhas culturais. Procuramos na psicanálise um contorno que supere a observação imediata do comportamento político. E a título de exemplificação do que é tal comportamento, evidenciamos que não raro se encontram em grupos de apoio a pacientes com câncer, presencialmente ou on-line, os que tenham encontrado no doente a própria razão da doença, e que comuniquem, sem nenhum constrangimento, que se a morte está próxima é porque o cancerígeno é rancoroso, ou outras sugestões tão ou mais carentes de fundamentação. Ou seja, o comportamento político não é necessariamente ligado a disputas eleitorais, mas a um conjunto mais complexo e constante.

É no chão da internet que são fecundadas e brotam ofensas cada vez mais criativas, que constrangem a vida como ela é. "O diálogo do diabo com a vida nunca foi mesmo nosso livro predileto" (SERAINE; SGARBE, 2003). O mal-estar que Freud intitula em termos gerais – que tem a ver com a consciência moral, e uma dinâmica de construção de fora para dentro; depois, mais exaustiva e dificilmente, de dentro para fora – tem recorte prático à moda da internet.

Olhar para a democracia brasileira contemporânea, para a participação política nas redes de 2021, a partir de "Totem e tabu" ou "O mal-estar na cultura", pode ser, inclusive, um exercício indigesto. Evidentemente, não se espera da ciência, quem sabe menos ainda da psicanálise, que se enrede um tipo bordado colorido e bem-acabado, mas o descarte do rei e a limitação pela cultura, no primeiro e no segundo textos, respectivamente, conferem ao pesquisador uma responsabilidade de suspensão difícil de alcançar. Isto é, embora haja um esforço para que a afetividade integre a pesquisa e tal afetividade esteja descrita claramente (MARTINO; MARQUES, 2018), podem ser estranhos os graus de segurança factual nas ciências humanas, porque relativas, incontidas, carentes de pequenos e grandes caminhos escolhidos unicamente por quem escreve. No fim do dia, tem-se um humano comum, que acredita em coisas que até Deus duvida, que pode não estar nem aí para a técnica científica, que dirá para Freud e uma concepção de universo que não considere a necessidade de Nosso Senhor Jesus Cristo para o que é unicamente humano e terreno.

A começar em "O mal-estar". Haveria, para Freud, pelo menos duas etapas para as desautorizações do indivíduo pela cultura, em termos de considerar o que é digno de arrependimento ou remorso[2]. Primeiro, a informação a partir do lado de fora, do mundo, do ambiente que arrola coisas e ocasiões proibidas – e por inúmeros motivos, religiosos ou racionais, ou nem mesmo pertencentes a esses grupos, mas a disposições anímicas, ou ainda mais primitivas. Em "Totem e tabu", o psicanalista encontra um indício de por que algumas coisas "grudam" na gente e outras não. Ele descreve o caso de uma neurótica que tinha medo de que o marido morresse, e que quando levou as navalhas desse marido para serem amoladas descobriu que no mesmo endereço funcionava uma funerária. Mas, segundo o texto freudiano, se ela não tivesse desvelado a funerária, teria, muito provavelmente, encontrado outro sinal para os próprios pensamentos, como escreveu o autor:

---

2   Em "O mal-estar na cultura", Freud divide claramente o que é arrependimento do que é remorso. Ele o faz depois de simular uma repreensão ao próprio texto, ao que responde por entender "arrependimento" como algo ligado ao parricídio, à ideia de "o que fizemos?" que sobreveio ao homem logo depois do ato de matar o pai; enquanto colocou "remorso" na lista de coisas ordinárias da vida humana.

<blockquote>Esta é a motivação sistemática da proibição. Podemos estar certos de que mesmo sem descobrir aquela vizinhança, a paciente teria surgido com uma proibição relativa às navalhas. Pois teria bastado que ela avistasse no caminho da loja uma carruagem fúnebre, uma pessoa de luto ou alguém levando uma coroa funerária. A rede das condições era extensa o bastante para apanhar a presa de qualquer forma; dependia dela puxá-la ou não (FREUD, 2012, p. 93).</blockquote>

As proibições culturais, depois de informadas de fora para dentro, ganhariam vida própria, autonomia. E tal dispositivo individual, autônomo, seria mais forte do que o anterior, a ponto de infligir sobre o homem o comportamento da autopunição. Neste ponto está a quebra do proibido, a ponto de Freud ressaltar que ao transgredir um tabu o transgressor se torna ele mesmo o tabu (FREUD, 2012). O impulso de agressividade que antes houvera de ser contra o pai autoritário agora se poderia impulsionar contra o indivíduo.

Freud anota algumas pertinências relacionadas ao mundo da vida de 1930 que valem para 2021 (a obra como um todo se revela anacrônica). Uma é de que a libertação sexual, tal qual fosse se estivéssemos de volta à horda promíscua ou ao funcionamento de nós mesmos anterior à Era Glacial, e quem sabe Freud sequer vá tão longe para o passado, então tensionamos a teoria a fim de ampliar a especulação, mas, seguramente, se não estivéssemos contidos pelo casamento monogâmico – e essa é a primeira pertinência; ou ainda se não houvesse propriedade privada, o que tornaria a disputa entre os homens inservível, pelo menos no que diz respeito ao tamanho do terreno – e essa é a segunda; então, não estaríamos plenos no existir mesmo assim. Não seria o sexo livre ou "comunismo" (Freud usa especificamente essa última palavra) que nos arrancaria da angústia da vida e da finitude. Achamos que essa análise, até certo ponto, poderia até mesmo refazer a amizade de alguns adversários de Freud conosco. Até porque, se a ideia geral da vida poderia ser a volta ao inorgânico (BOCCA, 2021) – para cristianismo equivaleria, talvez, à "volta do espírito para Deus" –, pouco se poderia experimentar de gozo permanente em sendo a vida temporária. Não passariam estes gozos da vida tributada pelo Estado e investigada pelas redes sociais digitais mais do que do que temporários. Ou seja, toda vez que a gente termina o sexo tiramos uma pá de terra do vazio" (SERAINE, 2021).

Encontraríamos em Freud uma relação entre a internalização das proibições e a ocasião do parricídio. No mito, o assassinato do pai autoritário tem ocasião a partir da conexão entre os irmãos (FACHINI, 2021). Porém, aquela autoridade castradora, que impedia o gozo que não fosse dela, é reincorporada no clã fraterno. Primeiro que ninguém estaria autorizado a tomar o lugar do pai morto, sob pena de ter o mesmo destino fúnebre; depois, pela escolha de um soberano. Voltaremos a esse ponto um pouco mais para frente.

Mal-estar na narrativa

Estejamos com um olho no gato, "Totem e tabu" e "O mal-estar na cultura", e outro no peixe, uma descrição noticiosa do que nos parece a versão contemporânea dos mitos psicanalíticos. No que tem a ver com democracia contemporânea, há de se registrar que autores infinitamente mais habilidosos trataram do funcionamento político em textos complexos, quando não completos. A tais textos, hoje, fazemos perguntas que podem não ter ocorrido aos filósofos do passado. E nisto temos nosso papel indiscutivelmente essencial, em termos de produção intelectual: fazer novas perguntas à luz de uma vivência milenarmente tardia em relação àqueles registros. Com isso, esperamos ter completado a tarefa de dar à sabedoria anciã lugar de honra, embora ela nem sempre seja tão prática para a mediação de conflitos que grudaram na cabeça do eleitor feito a funerária que amolava navalhas.

Diante de impasses dessa estirpe, do que se tenha concentrado em difícil solução racional, a contemplação poderia perguntar "por que vivemos para morrer?". Lidar com o noticiário, senhoras e senhores, tem levado alguns de nós à tristeza. Sem contar que "o mundo real é sempre pior que a ficção" (BELLENZIER, 2021), e na ficção alcançamos muitos fundos de poço. Mas preferimos, acreditem, entender o mundo como um pouco mais divertido.

Poderíamos, de algum modo, olhar para o mal-estar na cultura como repaginada em moldes eleitorais, o que fazemos a partir daqui, como se a democracia contemporânea fosse um homem invisível, e que as redações de Freud servissem de ataduras que dão volume a esse homem.

Assim como não se reconhece com clareza a origem do horror ao sexo com a família, embora haja muitas e brilhantes especulações em "Totem e tabu", e dentre elas deduzimos a simples necessidade de tal repulsa para a validade do conjunto do parricídio, uma lacuna se estabelece a partir do comportamento observável do eleitor radical brasileiro, pelo menos para nós, no que tem a ver com o desprezo aos fatos – que podem estar no noticiário profissional – e às vezes à ciência. Reforçamos que se trata de reles especulação de nossa parte a possibilidade de – assim como Bocca (2021) descreve o animatismo como anterior ao animismo, em termos de fases do desenvolvimento do homem –, em alguma oportunidade, denominar um estágio posterior à racionalidade. Algo que poderia passar por isto: no caminho de volta ao inorgânico, encontramos um tipo de armadilha "boca de lobo", em sendo a cultura a armadilha, tal qual serve de impedimento à liberdade sexual, e também a impulsos assassinos e de outras agressividades, embora esses desejos estejam presentes, e da amálgama de motivos animatistas, animistas, religiosos e racionais, dessa coisa esquisita que pode negar a realidade objetiva, que em nós frequentemente causa escândalo em relação à realidade, pudéssemos especificar esta fase de agora como pós-racional ou algo que passasse a régua na compreensão de como somos nós mesmos no que a política chama de pós-verdade.

Deve haver uma explicação além do marketing eleitoral para que moinhos de vento sejam tão temidos. Este é um exemplo de mal-estar na narrativa: o candidato Levy Fidelix[3] (PRTB) teve um pouco menos de

---

3   "Político, empresário, jornalista e publicitário, José Levy Fidelix da Cruz ficou conhecido por ser o autor do projeto do trem-bala que ligaria Campinas, São Paulo e Rio de Janeiro. Era famoso também por disputar várias eleições, todas sem sucesso. Ele foi candidato a vereador, prefeito, deputado estadual, deputado federal, governador e presidente da República" (CAMARGO; RIBEIRO, 2021).

58 mil votos para presidente em 2010[4] . Quatro anos depois, quando falou que "aparelho excretor não reproduz" e que homossexuais precisam de tratamento de saúde "bem longe daqui", alcançou mais de 446 mil votos. E perguntamos se algumas dessas motivações individuais que não encontram com facilidade par nas fases conhecidas do desenvolvimento, mas de um tipo híbrido, seriam melhores ou piores, embora responder a isso correspondesse a invalidar a pesquisa em favor de preconceitos que desejamos publicizar e suavizar. Poderíamos, por outro lado, perguntar se quando coincidimos com a pós-verdade e nos conformamos a ela estamos mais ou menos próximos dos insetos. Segundo Freud:

> Por que nossos parentes, os animais, não apresentam nenhuma luta cultural como essa? Ah, isso nós não sabemos. Muito provavelmente, alguns entre eles, as abelhas, as formigas, os cupins lutaram por milhares de anos até encontrar essas instituições estatais, essa distribuição de funções, essa restrição feita aos indivíduos que hoje admiramos neles (FREUD, 2020, p. 376).

---

4   *Fonte dos resultados de eleições: Tribunal Superior Eleitoral.*

A necessidade de buscar sexo fora da família, mas não somente isso, fora e longe, dadas as prerrogativas totêmicas explicadas por Freud em um complexo gráfico de classes e de clãs totêmicos, teria amadurecido nos irmãos a vontade de matar a autoridade, e em qual medida? Ou, ainda, quanto daquela necessidade que dificultava e adiava o prazer efetivamente correspondeu à ação de matar o pai? Há de se escrever bastante sobre tal assunto universal. O que Freud explicitou da pesquisa de James Frazer, para quem abriu aspas em "Totem e tabu", e que cruza a linha do pai morto, é:

> A ideia [...] de que os reinados primitivos são despotismos em que o povo existe apenas para o soberano é totalmente inaplicável às monarquias que estamos considerando. Pelo contrário, nelas o soberano existe apenas para os súditos; sua vida é valiosa apenas enquanto ele cumpre os deveres de sua posição, ordenando o curso da natureza para benefício de seu povo. Tão logo ele deixe de fazer isso, cessam o cuidado, a devoção, a adoração religiosa que até então lhe prodigalizavam, transformando-se em ódio e desprezo; ele é vergonhosamente exonerado, e terá sorte se escapar com vida. Venerado como um deus num dia, é executado como um criminoso no dia seguinte (FREUD, 1912-1913, p. 47).

No dia Sete de Setembro de 2021, em capitais e cidades do interior dos estados do Brasil, houve mobilizações de uma parte do eleitorado que se tinha ofendido por inúmeras razões, para as quais o resumo que consideramos mais aquedado reproduzimos no próximo parágrafo. Reforçamos, daqui em diante, um laboratório, uma experiência entre a filosofia, a sociologia e a comunicação política. Da parte da pesquisa em comunicação, há a crença de que ela deveria

"se distinguir das outras ciências sociais e focalizar o aspecto comunicativo dos fenômenos, para não correr o risco de 'psicologizar' ou 'sociologizar' [...]" (HANZE, 2004, p. 69). É claro que o que se tende ao impedimento lá, na comunicação, não espanta a nós, aqui, da comunidade psicanalítica, que tão bem recebemos quer a prudência da literatura histórica, quer o intrigante.

> Entrará para a incrível e triste história do nosso continente o dia em que milhares foram às ruas para defender seu insofismável direito à mentira. Historiadores o relatarão com um sorriso discreto nos lábios, escritores versados em realismo insólito o narrarão entre a galhofa e a melancolia. A horda pálida e sedenta por sórdidas fantasias tomou desde cedo as capitais do mais vasto país e, com gritos de decifração difícil, pôs-se a exigir que lhes deixassem mentir, e ouvir suas mentiras antigas, e propagar suas novas mentiras, e adorar seus mentirosos

> prolíficos. Os cartazes, em bilinguismo falso, natu-
> ralmente mentiam: o que pediam era a liberdade
> de dizer verdades impávidas sem serem cerceados,
> punidos, malquistos (FUKS, 2021).

Embora façamos uma ampla campanha pessoal pela descriminalização da comunicação política digital, e que se trate precisamente de não descartar as contribuições de qualquer usuário da internet no processo político, o que pode incluir a propagação de enquadramentos muito peculiares – às vezes parecem até mesmo uma língua estranha –, estamos conscientes dos perigos das narrativas. Afinal, jamais foi da noite para o dia que o mundo experimentou horrores como o genocídio de Ruanda (agora, em 1994), mas a partir de meticulosa construção.

Dias antes do Sete de Setembro, em uma manhã de sexta-feira (20), a casa de Sérgio Reis foi visitada pela Polícia Federal. Que a Filosofia nos perdoe trazer noticiário a um livro tão bonito. Mas autoridade que bateu no rancho, por ordem suprema, considerava que a "Panela velha" não era assim tão inofensiva. Pelo contrário, via nas declarações do pop-star uma atitude imprudente que se poderia tornar demolição do prédio do Supremo Tribunal Federal (STF), e fatalmente no descrédito de uma a das utilidades democráticas, qual seja a alternância de poder sem derramamento de sangue. Naquela manhã, nas mãos dos policiais estava um mandado de busca e apreensão expedido pelo Supremo. O papel saiu de uma investigação sobre incitação a atos violentos contra a democracia aberta pela Procuradoria-Geral da República (PGR).

Sérgio Reis foi figura carimbada em programas de televisão, tão simplório quanto os temas das canções. Ele foi o rosto da roça, do pasto, do gado. Clássicos como "Menino da porteira" e "Pinga ni mim" ressoaram até a permanência no imaginário dos brasileiros nascidos nas décadas de 70, 80, o que inclui nascidos que eventualmente não se inclinam ao gosto musical da viola. Durante a redação deste ensaio, ele estava proibido de se aproximar da Praça dos Três Poderes. Outros 12 mandados do mesmo tipo foram autorizados pelo ministro do STF Alexandre de Moraes, na mesma ocasião. Em entrevistas que deu enquanto corria o risco de ser preso, Sérgio Reis[5] não somente demonstrou arrependimento quanto à mensagem pró-quebradeira como se dirigiu diretamente à Corte: "Eu errei, e quero me redimir com esse povo, pedir desculpas até ao Supremo" (DOMINGO ESPETACULAR, 2021).

---

5   *"Numa gravação, na qual ele conversa com um amigo, Sérgio Reis defendeu o afastamento dos ministros do STF e fez uma ameaça: 'Se em 30 dias não tirarem os caras nós vamos invadir, quebrar tudo e tirar os caras na marra. Pronto. É assim que vai ser. E a coisa tá séria'. O cantor disse ainda que teria tido uma reunião com o próprio Bolsonaro e com militares das Forças Armadas para informá-los sobre o movimento"* (GAZETA DO POVO, 2021).

Não tinha sido a primeira vez que o caldo entornava para favoráveis a fechamentos de instituições brasileiras. No caso de alguns mobilizados dos "300 do Brasil", houve prisões temporárias, provocadas pelo Ministério Público Federal (MPF), contra suposta violação da Lei de Segurança Nacional. Em junho de 2020, Moraes prorrogou tais prisões, então a pedido da PGR. Em termos de reverberação, o ato de acender tochas em frente ao Supremo (foi o que o grupo fez) rendeu um tipo de material que o jornalismo não rejeitaria. Redes de televisão e sites reproduziram vídeos amadores de uma parca produção audiovisual com o mesmo prestígio – em termos de tempo e atenção – que se daria a um trecho de cinema premiado.

> Os presos fazem parte do grupo extremista '300 do Brasil', que acampou na Esplanada dos Ministérios, em Brasília, organizou ataques ao Supremo Tribunal Federal (STF) e pregou o fechamento do Congresso. A suspeita é de que eles recebam financiamento para agir ao arrepio da Lei de Segurança Nacional (VALOR ECONÔMICO, 2021).

Há anos, o noticiário, como um dos palcos da comunicação política, escolhe falar de crise institucional. Isto é, um acúmulo de fatos relacionados à condução concorrente dos temas nacionais pelos Três Poderes. O risco mais temido de ruptura, e o que mais se deseja conter da parte dos conciliadores, é a devolução do governo a qualquer tipo de autoritarismo – o que se poderia esperar caso o Planalto, o Congresso e a Justiça decretassem a eles mesmos, em um jogo mútuo de avanços e omissões, a própria ineficiência.

Para fora do jornalismo profissional, correntes de comunicação política e eleitoral garantem a súditos de políticos que manchetes parciais, falsas, ou ambas simultaneamente, consolidem pontos de vista que eventualmente não encontram qualquer conexão com a realidade documentada, e tampouco, para tais súditos, isso é necessário. Importa que o indivíduo encontre a própria turma na internet, e que essa o faça sentir participante do processo eleitoral e democrático. É oportuno lembrar que as teorias da conspiração e a pornografia competem pela atenção do usuário da internet (DA EMPOLI, 2017, p. 76). E coincidimos (de novo e de novo) com as hordas de Freud:

> A situação é agravada ainda quando não se confia que o governante utilize seu enorme poder de maneira correta, em favor dos súditos e para sua proteção própria; desconfia-se dele, portanto, e acredita-se ter o direito de vigiá-lo. A etiqueta dos tabus, a que toda a vida do rei é sujeita, serve simultaneamente a todos esses propósitos de tutelar o rei, protegê-lo dos perigos e proteger os súditos do perigo que ele representa para eles (FREUD, 1912-1913, p. 52).

O enquadramento deste ensaio olha para o Supremo Tribunal Federal pela quebra da tradição dos soberanos de Hobbes e Rousseau quando da escolha do soberano sob uma visão psicanalítica (BOCCA, 2021). Para uma parte da pesquisa em normativismo[6] , os herdeiros do trono não são os presidentes republicanos, mas os juízes. Isso se expressaria pela função do soberano da antiguidade de julgar causas, não de executar ou legislar. Há outro aspecto saliente, qual seja o da escolha do soberano passar por motivação emocional, sem qualquer necessidade de comprometimento com a vida boa ou com políticas públicas. Não se trata de fazer uma escolha com sede na razão, o que seria bem-vindo em um pensamento de bem-comum na política, mas de garantir que os próprios pontos de vista sejam reconhecidos pelos demais eleitores e se conformem em força política eleita, quando possível. A mudança na relação dos súditos com o rei é evidenciada por Bocca (2021):

> Bem entendida, a analogia entre organismo vivo
> e organização social estimulada por Canguilhem
> pode nos ajudar a compreender e, quem sabe, a re-
> solver o estado de desordem e crise permanente,

---

6   "Não havia divisão de poderes, mas sim de funções. Portanto, quando se quer juntar Poder Executivo com rei, Judiciário com juiz, e Legislativo com parlamento, não funciona [...]. A principal função do rei não era executar as leis, e sim fazer justiça" (GONZALEZ, 2021).

crise de finalidade e de gestão, que identificou nas atuais sociedades humanas, muitas vezes conduzidas por heróis, completamente distintos dos soberanos e legisladores de Hobbes e Rousseau.

Os antigos soberanos e legisladores memorados por Bocca tinham poder praticamente infinito. Esse tipo de consideração da parte do súdito sequer é esperado quando tratamos de um ambiente global de gestão e de negócios. Por gestão globalizada se entende dar importância aos temas individuais dos geridos, atenção a questões culturais (CAMPOS; LEONEL, 2010, p. 289).

Temos nas pesquisas de Da Empoli (2017), Nichols (2018) e Sampaio et al. (2021) descobertas científicas úteis para nosso ponto de vista. Nelas, ideias presentes na filosofia da comunicação, e que fizeram traçados teóricos quanto à divisão entre o público e o privado e à fusão que se poderia esperar com o funcionamento em rede (FLUSSER, 2015), parecem um tanto reais, práticas (lembramos dos riscos de conformar filosofia à realidade objetiva, como se observa em "alas ideológicas" da política).

Não à toa, e nos referimos à confusão entre público e privado, publicam-se na internet assuntos que antes estavam restritos à roda íntima, aquela com repertório relativamente similar e com mais condições de entender ironia e sarcasmo, por exemplo. Antes, chegou a se testar um antídoto contra o agravo experimentado na internet. Para Bellenzier (2021), na transição da linguagem falada para a conversação por aplicativos, fazia-se, em benefício da compreensão geral, a necessidade de escrever "como quem escreve para o teatro", isto é, com referências claras ao ânimo da escrita. Não raro, eram utilizados nos chats "[brincadeira]", ou "[risos]". Talvez os emojis tenham substituído esse uso. Haveria, em algum momento, de se pesquisar com qual ânimo o indivíduo comenta na internet e se a decisão de voto nas eleições corresponde àquele ânimo, o que não é ocasião neste ensaio.

Em meio à Torre de Babel de um idioma só, com variados e cada vez mais perturbados pontos de vista políticos, chegamos aos movimentos que receberam o nome de, dentre outros, "novo populismo". Têm destaque a Itália – sede da operação "Mãos Limpas" que deu origem à "Lava Jato" brasileira –, e Estados Unidos – com a eleição de Donald Trump. Não se aborreça, leitor, pela ausência de Freud em nosso texto, agora que escrevemos sobre o "novo populismo". Mas se há mal-estar a ser descrito nestes dias é também o causado pelos "evitadores de notícias". Eles, psicanaliticamente, parecem ter renunciado à vivência racional, contra a formação de um imaginário comum. Para os evitadores, "a grande imprensa", "a mídia", optou por um lado que não é mais interessante. Nem mesmo as redes de televisão com proeminente operação comercial têm dado conta do desinteresse pelo jornalismo, pelo fato.

Os canais de televisão de 2021 passam veicular notícias mais emocionalmente envolventes, em vez de informar simplesmente. Dá-se, da parte do jornalista, um tom, uma leitura de texto de teatro, um emoji falado, um "agora, uma notícia feliz. Agora, uma notícia triste". A academia não parece mais amada que o jornalismo. Naquele dia Sete, uma das placas pedia a "limpeza" das universidades, em força contra o "comunismo".

É nessa paisagem de mal-estar que surgem na internet os súditos em defesa – não da democracia, não do voto, não do refinamento da política, mas – do fechamento do Supremo, quando não do linchamento dos ministros. Esse tipo de pensamento do eleitor é interpretado de maneira contraditória. No entendimento da Corte, incitar-se contra ela é o mesmo que defender o autoritarismo, quando não há Justiça para julgar as causas do povo – com consequências como as vividas por Sérgio Reis; ao passo que para os que se erguem pelo fechamento – e não há uma restrição ao Supremo, mas ampliação às casas legislativas –, quer-se garantido o direito à livre expressão, qual seja a de demonstrar todo o descrédito que gozam tais instituições para eles.

Mas o que se evidencia neste ensaio não é, de modo nenhum, um recorte vexatório de qualquer participação política. Recusamos, desde as primeiras premissas, contornar a sonolenta fantasia brasileira com militares, no sentido de encontrar gozo em gente uniformizada, como vexatória, de jeito nenhum! Mas, convenhamos, em tempos de pandemia "muito pior que a Segunda

Guerra que ouvi pelo rádio" (CAMARGO, 2021), que biopolítica e controle da inflação, por exemplo, são assuntos mais demandantes e dignos de atenção. Mas as "atitudes [em comunicação política] são disposições cognitivas e emocionais" (GOMES, 2012, p. 12). Emocionais.

Filósofo pesquisador de influências da tecnologia na vida comum, Flusser (2005) entendia tudo como texto, desde os escritos rupestres. Para ele, desenho é texto, fotografia é texto, filme é texto. A partir dele, para nós, fica um pouco mais decente fazer análises do discurso e análises de conteúdo em publicações da internet. Melhor, fica menos constrangedor. Flusser é um dos que nos oferta ancestralidade científica (outros nomes foram mencionados anteriormente) quando se olha para comportamento político contemporâneo. Ainda para ele, "a política existe para que aquilo que é elaborado no espaço privado esteja disponível no público, para então ser levado de volta para casa" (FLUSSER, 2015, p. 201). Gabellieri (1998), reforça uma ideia de Simone Weil, qual seja a de que "o ponto de vista é a origem da injustiça".

Para Gomes (2004, p. 18), "em tempo de cena política, o existir para as mentes, os corações e a memória do público passa pela visibilidade midiática". Essa visibilidade, ineditamente, deixa de requerer a compra ou a aderência de uma marca, de uma rotativa para imprimir jornais, de uma concessão de uma frequência de ondas, estúdios e torres de transmissão, realinha os antigos emissores e receptores, antes diagramados em feixe vertical (FLUSSER, 2015), de cima para baixo, para um mesmo patamar, para a mesma prateleira da estante. A internet tinha trazido uma "sincera esperança".

> De todo modo, havia nos planos teórico e prático a sincera esperança de uma renovação, induzida pela internet, da esfera pública e da democracia participativa. Praticamente sem exceção, quase todas as formas de ação política por parte da esfera civil podiam agora ser realizadas mediante a internet, do contato e pressão sobre os representantes eleitos até a formação da opinião pública, do engajamento e participação em discussões sobre os negócios públicos até a afiliação a partidos ou movimentos da sociedade civil, da manifestação à mobilização, da interação com candidatos até a doação para fundos partidários ou de organizações civis, da intervenção em fóruns eletrônicos sobre matéria da deliberação da sociedade política até a intervenção em plebiscitos on-line (GOMES, 2005, p. 63).

Ao tensionar que antes se escrevia em relação à mediação jornalística, mas que agora serve à participação política na internet, dado o funcionamento básico de uma rede, temos um empenho pelo predomínio dos pontos de vista, pelas imagens pessoais que desejam imprimir, nesta sede:

O que nos esforçamos para evidenciar, e quem sabe e muito provavelmente tenhamos fracassado miseravelmente, é que o mal-estar na cultura descrito por Freud nos sobrevém em forma de calamidade na internet, em forma de participação política digital. E que dessa participação tivemos a comemoração do Dia da Independência pelo direito de mentir, e, ainda mais especificamente, o entendimento de que a cultura sertaneja de Reis nos golpeou, pela crença de que a submissão a outro homem poderia ser considerada um exercício de dignidade humana (porque se haveria de laurear sem nenhuma restrição um único presidente, um senhor sobre todos; é o que mais nos decepciona). Argumentamos que motivações primitivas – a contar pelas fases pré-racionais do desenvolvimento da mente, onde o fetichismo esboçava a religião; quando um rei era coroado para depois ser assassinado – encontram bastante escape na vida do eleitor brasileiro que diz ser favorável à democracia (mas age em sentido contrário). Argumentamos, ainda, que o rei, hoje, não é necessariamente um presidente republicano, mas um juiz. É como, nesta data, damos conta de lidar com esses assuntos, mas prometemos ideias melhores no futuro, embora não possamos garantir tal promessa.

É tudo, afinal, uma questão de quem tem a palavra. Uma das características da transição para o estado racional e então para as democracias históricas foi o uso da palavra. Houve, nos modelos ancestrais, disputas de direito fundamentadas unicamente na habilidade com a palavra. Se o argumento ou a forma fossem inválidos, a causa estava perdida, apesar de eventual injustiça contra as partes. Quando esses processos sofreram mudanças, pela forma do direito romano ou anglo-saxão, a palavra se manteve basilar na construção do Estado (WEBER, 2012). Quando Weber examina os partidos políticos, escreve que:

> para alcançar o poder podem ser de natureza mais diversa, desde a força bruta em todas as suas formas até a propaganda eleitoral com meios grosseiros ou refinados: dinheiro, influência social, poder da palavra, sugestão ou engano grosseiro (WEBER, 2012, p. 186).

Registre-se para as gerações futuras que em 2021 indivíduos foram sabotados em suas inteligências e passaram a acreditar, em meio à pandemia de Covid-19, que remédios sem eficácia eram melhores que vacina; e que se tenha conseguido nesses indivíduos a proeza de que ignorassem completamente as sacadas de marketing de laboratórios farmacêuticos que venderam tais remédios ao mundo.

Mal-estar na democracia

Passamos ao que Schumpeter, sob sua própria explicação para capitalismo, socialismo e democracia, anota sobre um momento em que a intelectualidade ainda era um tipo importante do processo político: "Para dominá-lo e competir com as lideranças não intelectuais, o intelectual é levado a tomar rumos inteiramente desnecessários para aquelas, que podem se dar ao luxo de falar sem reservas" (SCHUMPETER, 2017, p. 215). Em uma pesquisa de arqueologia digital, dada a velocidade das transformações na internet, sobre a análise de comentários no Facebook (essa rede chegou a ser completamente ignorada por veículos de comunicação, dada a política de anúncios), e que serve também à reflexão proposta neste ensaio, Recuero aponta que:

o ambiente online permite, por meio da conversação entre os indivíduos e sua permanência na reprodução de estereótipos, que a legitimação da violência se dê mais facilmente e se replique na mesma rapidez em que é legitimada (RECUERO, 2013, p. 253).

Mais de dez anos antes, Carlson e Djupsund (2001) caracterizaram o súdito na internet:

Primeiro, o comunicador tem pleno controle sobre a mensagem. Normalmente ele não é censurado ou filtrado por outros, isto é, a mensagem que é enviada ao destinatário supera o processo de edição jornalística. Segundo, a internet é potencialmente interativa, isto é, torna-se possível um diálogo de mão dupla entre quem envia e quem recebe. Terceiro, o novo meio provê àquele que envia um recurso relativamente barato para transmitir grandes volumes de informação. Finalmente, a técnica sofisticada da comunicação via Web dá ao comunicador uma ampla gama de possibilidades donde escolher a forma da comunicação (texto, imagens, som e vídeo) considerada mais apropriada para uma mensagem particular. Em conclusão, a Web provê os agentes políticos com a oportunidade pela qual ansiava, isto é, a de ter controle total sobre a produção da mensagem e comunicar diretamente com os potenciais eleitores sem ter os meios de massa filtrando-lhe a informação (CARLSON; DJUPSUND, 2001, p. 69).

A política institucional, qual seja a da máquina pública, na configuração de instituições de poder, fundos eleitorais, organização de partidos e bancadas, até mesmo movimentos sociais, deu-se conta de que poderia dizer a respeito de si mesma o que bem quisesse, sem que a relação com jornalistas ou editores profissionais fosse necessária. Rapidamente, e com gordo orçamento passou a agir "aumentando a quantidade de informação política que circula na sociedade durante o período eleitoral e possibilitando mecanismos potencialmente mais democráticos" (CERVI; MASSUCHIN, 2012, p. 26).

É como se, com algum atraso ou adaptações de tradução, o Brasil estivesse condicionado a um tipo de política profissional como framework, software as a service, a uma estratégia organizacional que se pode comprar por via do marketing eleitoral que atende a projetos de poder. Esses projetos podem ser, em vez de remédios amargos[7], pílulas poderosas de efeitos colaterais.

---

7   *"Os remédios são soluções encontradas que podem tanto funcionar para alcançar o reconhecimento como para comprometê-lo. As cotas [raciais] só agora mostram os efeitos benéficos. Na época da implantação, houve reação"* (PRUDENCIO, 2021).

O país se repete nas obsessões do capitalismo tardio, ao mesmo tempo que cede às experiências do "novo populismo" em outros países. Mas não se trata da eleição de Trump nos Estados Unidos somente, ou do emaranhado de notícias falsas, mas de uma ação que remete também à primitividade. "Esses vínculos são de natureza complicada e não isentos de contradições" (FREUD, 1912-1914, p. 51).

Nas hordas, a vida do rei podia ser tão ruim que alguns que tinham direito ao trono, seja qual fosse objetivamente o processo sucessório, faziam o inusitado a fim de impedir a coroação. Dentre as práticas que pretendiam evitar estava um aborrecimento causado por uma valentíssima surra. Se o candidato a rei sobrevivesse então era forte para se erguer frente aos súditos. Ou ainda, uma inobservância do rei, qual fosse um olhar para uma direção não prevista, poderia se tornar tragédia natural. O rei, quando deixava de atender aos interesses do povo, era deposto e com sorte saía com vida.

As ocasiões em que líderes políticos da história recente foram "mastigados e cuspidos" por seus súditos, Gaddafi, Hussein, Lula, Trump, endereçam para a função elementar do soberano, qual seja a de ter serventia. Seria ingênuo de nossa parte afirmar que tal serventia esteja ligada à criação, implementação e manutenção de políticas públicas, porque eventualmente não se trata de impulsionar ou promulgar legislação, mas de realizar motivos anímicos para as quais a razão pode servir pouco. Laclau traz assim:

Ainda sobre o mal-estar que sofre a democracia brasileira, consideramos oportuno lembrar da latrina do artista modernista Marcel Duchamp (Fountain, 1917. Escultura. Cerâmica esmalte e tinta.), famosa e polêmica. E, neste sentido, vamos a um indício psicanalítico para a formação de bolhas culturas.

É peculiar que o memorialista Ernst Gombrich (2012), que se desenvolveu na Viena de Freud, uma sumidade, em seu livro clássico "A história da arte", mencione Duchamp apenas superficialmente, e ainda sob "espero sinceramente não ter contribuído para essa moda" (GOMBRICH, 2012, p. 601). É surpreendente a nós que além dos paralelos que traçamos entre os mitos e histórias da psicanálise e a democracia contemporânea se encontre também um dado de realidade que corresponderia à formação de bolhas culturais.

sicas, cristãs, iluministas e romancistas da cultura europeia, adquiridas enquanto ele vivenciava o impacto do pensamento vienense moderno e da prática artística sobre essas tradições mais antigas. A Viena que Gombrich experimentou coincidiu com o surgimento do expressionismo na arte, a criação da música serial por Schoenberg, a invenção e a prática da psicanálise por Freud e Adler, a psicologia da Gestalt e a filosofia do positivismo lógico desenvolvida pelo Círculo de Viena, por exemplo (CUNLIFFE, 1998).

E se poderia enxergar, a partir da ignorância de Gombrich, um indício de por que Freud se recusa a diferenciar o significado de "cultura" (Kultur) e de "civilização" (Zivilisation), a luta "KxZ". Quando toma uma posição política contra a ideia germânica de moralidade e de arte superiores, ele o faz em favor dos processos civilizatórios defendidos por franceses e ingleses. Freud teria refreado no entendimento dele as noções de cultura que foram sustentação intelectual para os crimes do Terceiro Reich (IANNINI; TAVARES, 2020). Mas essa lembrança nos serve tão somente como provocação quanto à, repetimos, formação de bolhas culturais anteriores aos caprichos da vida digital.

Quer o desprezo pelo rei – aparentemente mais forte que a adoração por ele –, quer o intuito de decidir contra a vontade individual em favor de qualquer bem superior são temas pensados para este capítulo e que sequer se abriram o suficiente, dada a limitação do autor, apesar da grandessíssima generosidade de sua leitura.

Referências

BELLENZIER, Ana Paula. Entrevista de Ana Paula Bellenzier (UFPR) para este capítulo. Curitiba: 2021.

BOCCA, Francisco Verardi. Animatismo. Antes e depois de tudo. Curitiba: Programa de Pós-Graduação em Filosofia da Pontifícia Universidade Católica do Paraná, 2021.

__________. Da representação política à normatividade social. Curitiba: Programa de Pós-Graduação em Filosofia da Pontifícia Universidade Católica do Paraná, 2021. Disponível em: <https://sgar.be/4gJH>. Acesso em: 30 set. 2021.

CAMARGO, Cristina; RIBEIRO, Tayguara. Morre o político Levy Fidelix, 69, conhecido como o pai do aerotrem. São Paulo: Folha de S. Paulo, 2021. Disponível em: < https://sgar.be/CTck>. Acesso em: 14 set. 2021.

CAMARGO, Josephina Prestes. Entrevista de Josephina Prestes Camargo para este capítulo. São José dos Pinhais: 2021

CAMPOS, Marly Sorel; LEONEL, Jordan Nassif. Liderança e diversidade cultural em organizações globais: a dimensão subjetiva. In NELSON, Reed E. Liderança: entre a tradição, a modernidade e pós-modernidade. Rio de Janeiro: Elsevier, 2010.

CARLSON, Tom; DJUPSUND, Göran. Old wine in new bottles? The 1999 Finnish election campaign on the Internet. Harvard International Journal of Press/Politics, v. 6, n. 1, 2001, p. 68-87.

CERVI, Emerson; MASSUCHIN, Michele Goulart. Redes sociais como ferramenta de campanha em disputas subnacionais: análise do Twitter nas eleições para o governo do Paraná em 2010. Goiânia: 2012.

CUNLIFFE, L. Gombrich on Art: A Social-Constructivist Interpretation of His Work and Its Relevance to Education. Journal of Aesthetic Education, 32(4), 1998, p. 61-77. doi: 10.2307/3333386.

DA EMPOLI, Giuliano. Os engenheiros do caos: como as fake news, as teorias da conspiração e os algoritmos estão sendo utilizados para disseminar ódio, medo e influenciar eleições. Vestígio Editora, 2019.

FACHINI, Julio. Filosofia, Psicanálise & Contemporaneidade (vol. II). Irmãos de sangue: a cumplicidade no parricídio primordial. Curitiba: 2021.

FLUSSER, Vilém. Comunicologia: reflexões sobre o futuro. Tradução Tereza Maria Souza de Castro. São Paulo: Martins Fontes, 2015.

__________. Filosofia da caixa preta: ensaios para uma filosofia da fotografia. Relume Dumará, 2005.

FREUD, Sigmund. Carta 271 [146] de Freud a Fließ. In Amor, sexualidade, feminilidade. Tradução: Maria Rita Salzano Moraes. Belo Horizonte: Autêntica, 2020.

__________. O mal-estar na cultura. In Cultura, sociedade, religião: O mal-estar na cultura e outros escritos. Tradução: Maria Rita Salzano Moraes. Belo Horizonte: Autêntica, 2020.

__________. Totem e tabu (1912-1913). Algumas concordâncias entre a vida psíquica dos homens primitivos e dos neuróticos. In Sigmund Freud. Obras completas volume 11. Totem e tabu, Contribuição à história do movimento psicanalítico e outros textos (1912-1914). São Paulo: Schwarcz, 2012.

FUKS, Julián. A revolta da mentira. Ecoa – Por um mundo melhor. UOL, 2021. Disponível em: <https://sgar.be/gpdR>. Acesso em: 11 set. 2021.

GABELLIERI, Emmanuel. Herméneutique de la culture et universalité éthique: S. Weil et P. Ricoeur. Théophilyon, Comité éditorial Paul Ricoeur, 1998.

GIACOIA JUNIOR, Oswaldo. Seminário para Tópicos da Filosofia da Psicanálise IV do Programa de Pós-Graduação em Filosofia. Curitiba: Pontifícia Universidade Católica do Paraná, 2021.

GOMES, Wilson. Entrevistas com candidatos a presidente transmitidas ao vivo em telejornais: o modelo teórico-metodológico da mediação jornalística. 2012.

__________. Internet e participação política em sociedades democráticas. Porto Alegre: Revista Famecos, 2005.

__________. Negociação política e comunicação de massa. XII Encontro Anual da Associação Nacional dos Programas de Pós-Graduação em Comunicação, 2004.

HANZE, Michael. A comunicologia segundo Vilém Flusser. Galáxia, 2004.

IANNINI, Gilson; TAVARES, Pedro Heliodoro. Para ler o mal-estar. In: FREUD, Sigmund. Cultura, sociedade, religião: O mal-estar na cultura e outros escritos. Belo Horizonte: Autêntica, 2020, p. 7-31.

LACLAU, Ernesto. La razón populista. Tradução doméstica. Fondo de Cultura Económica, 2004.

MARTINO, Luis Mauro Sa; MARQUES, Angela Cristina Salgueiro. A afetividade do conhecimento na epistemologia: a subjetividade das escolhas na pesquisa em Comunicação. MATRIZes, v. 12, n. 2, p. 217-234, 2018.

MONZANI, Luiz Roberto. Totem e tabu: uma revisão. Curitiba: Aurora, 2011.

NICHOLS, Bruno. A participação radicalizada relacionada a Aécio Neves e Dilma Rousseff nas fanpages de quality papers brasileiros em 2014. Curitiba: UFPR, 2018.

SAMPAIO, Rafael Cardoso Sampaio; FREITAS, Christiana Soares Freitas; KLEINA, Nilton Cesar Monastier; MARIOTO, Djiovanni Jonas França; NICHOLS, Bruno Washington; DA SILVA, Tiago Philippini Ferreira Borges; ALISON, Murilo Brum; BOZZA, Gabriel Alexandre; HAUSEN, Victor. Democracia Digital no Brasil: mapeamento e análises de artigos publicados em periódicos entre 1999-2018. Boletim de Análise Político-Institucional, 2021.

SERAINE, Dudson. Entrevista para este ensaio. Curitiba: 2021.

SERAINE, Gabrielle; SGARBE, Vinícius. Talvez eu jamais tenha declarado meu amor intensamente. Curitiba: Correspondência pessoal, 2003.

SCHUMPETER, Joseph A. Capitalismo, socialismo e democracia. São Paulo: Editora Unesp, 2017.

WEBER, Max. Economia e Sociedade: Fundamentos da sociologia compreensiva, trad. Regis Barbosa e Karen Elsabe Barbosa, 4ª Ed. Brasília, Ed. Universidade de Brasília, 2012.